Für

Nils, den Pilger

Wir sind alle Pilger -
wir wandern auf verschiedenen Wegen
zum gemeinsamen Ziel.

Antoine de Saint-Exupéry

Bibliographische Information der Deutschen Bibliothek:
Die Deutsche Bibliothek verzeichnet diese Publikation
in der Deutschen Nationalbibliographie;
Detaillierte bibliographische Daten sind im Internet über
<http://dnb.ddb.de> abrufbar.

ISBN-9783741262982

1. Auflage 2016

© 2016 Kai-Uwe Schroeter

Vertrieb: Libri GmbH, eBook

Herstellung und Verlag:

BoD - Books on Demand, Norderstedt

Kai-Uwe Schroeter

Pilger-
wandern

Unterwegs sein und wahrnehmen -
Gott suchen und finden

Inhaltsverzeichnis

Wer ist ein Pilger ?	S.9
Der Weg ist das Ziel	S.12
Wandern und Pilgern	S.16
Mein persönlicher Pilgerweg	S.18
Ich bin dann mal weg	S.21
Einsamkeit	S.23
Ausstieg aus dem Hamsterrad	S.26
Angst und Gier	S.27
Sorgenfrei	S.30
Mit Visionen leben	S.32
Der Löwe in Marmor	S.35
Wer bin ich?	S.39
Wer ist Gott?	S.44
Gibt es einen persönlichen Gott?	S.48
Dein persönlicher Jesus	S.51
Das Stillegebet	S.57
Verletzungen – ein Beichtspiegel	S.61
Das Gebet Dietrich Bonhoeffers	S.63

Wer ist ein Pilger?

Ein Pilger ist ein *Wanderer*. Er geht zu Fuß. Das Gehen ist seine Art der Fortbewegung. Doch schon im Mittelalter hoben sich die Wohlhabenden von den wandernden Bußpilgern dadurch ab, dass sie mit Pferd und Gefolge unterwegs waren. Inzwischen gibt es auch *Fahrradpilger* und *Autopilger*. Mit den Fahrzeugen können Sehenswürdigkeiten und Wallfahrtsorte angefahren werden. Nicht jeder ist schließlich gut zu Fuß, manche Pilger leiden unter gesundheitlichen Beeinträchtigungen. Die religiöse Aufrichtigkeit eines Pilgers lässt sich nicht an der Art der Fortbewegung messen. Und doch bin ich der Ansicht, dass alle Pilger, die es irgendwie können und wollen, *zu Fuß* unterwegs sein sollten.

Wer eben kann, der geht zu Fuß. Das hat seinen guten Grund. Wir haben in unserer Zeit auf ganz neue Weise das Wandern entdeckt, es ist für uns eine Form der *Entschleunigung*. In einer Zeit, in der alles immer schneller gehen muss, setzen wir einen gegenteiligen Schwerpunkt. Wir gehen zu Fuß. Damit verlangsamen wir den sonst üblichen Rhythmus unseres Alltags.

Um das genießen zu können, empfiehlt es sich nicht, auf Schnellstraßen an rasenden Autos entlang zu wandern. Leider führen manche ausgeschilderte Pilgerwege über Asphaltstraßen. Besser sind Wege, die für Fußgänger vorgesehen sind. Am geeignetsten sind Wege, die frei von Autos sind, eben *Wanderwege,* die als solche ausgewiesen sind. Denn wandernde Pilger fliehen aus dem Alltag. Und jedermann weiß, wie viele positive Effekte das Wandern hat. In der richtigen Umgebung, bei angemessener körperlicher Bewegung, atmen Körper und Seele auf. Wandern ist eine gesundheitliche *Therapie,* die Schäden von Körper und Seele heilen kann, und eine *Prävention,* die helfen kann, unsere Gesundheit zu erhalten. Wandern aktiviert alle Sinne. Es fährt Systeme des Körpers wieder hoch, die vielleicht längst vergessen waren.

Ein Pilger bin ich auf meinem Weg.
Jeden Tag breche ich neu auf,
um das Leben anzunehmen und zu gestalten.
Ein Suchender bin ich auf meinem Weg,
geführt von einer unsichtbaren Hand,
die allein das Ziel meiner Reise kennt.
Ein Hoffender bin ich auf meinem Weg
dass ich meine Bestimmung erkenne
und was ich als Aufgabe mitbekommen habe.
Ein Liebender bin ich auf meinem Weg,
der nur sich selbst zu verschenken hat
Ein Mensch bin ich auf meinem Weg,
der weiß, dass sein Weg nicht sinnlos ist,
und seine Lebensspur auf der Erde zurücklässt.

Der Weg ist das Ziel

Für keine Reise trifft dieses Motto so zu wie für das Pilgern. Ein Wanderer bewegt sich zu Fuß in der *Natur*. In der natürlichsten Art der Fortbewegung bewegt er sich ein einem Umfeld, von dem er ein *Teil* ist. Ich empfehle deshalb, für das Pilgern Wanderwege auszusuchen, die einen besonderen landschaftlichen Reiz haben. Die meiste Zeit seiner Wanderschaft verbringt der Pilger auf dem *Weg*. Das gilt auch dann, wenn sein Ziel ein bekannter Wallfahrtsort oder die vermeintliche Grabstätte eines Heiligen ist. So mancher Pilger erkennt am Ziel seiner Reise: Der Weg war das eigentlich Ziel.

Weil der Weg das Eigentliche ist, lohnt es sich, diesen Weg *bewusst* auszuwählen. Idealerweise ist der Weg ein beeindruckendes Naturerlebnis, abwechslungsreich mit unterschiedlicher Vegetation. Für den gläubigen Menschen ist die Natur auch die *Schöpfung Gottes.* In ihr begegnet man auf Schritt und Tritt den Fußspuren des unsichtbaren Schöpfers – man muss nur seine Sinne für das Verborgene öffnen. Der Apostel Paulus sagte:

Denn Gottes unsichtbares Wesen,
das ist seine ewige Kraft und Gottheit,
wird seit der Schöpfung der Welt
ersehen aus seinen Werken, wenn man sie wahrnimmt.
Römer 1,20

Paulus folgert: Wenn Gottes Wesen in der Schöpfung wahrgenommen werden kann, dann sollte der Mensch auch die Existenz Gottes anerkennen. Für den Apostel ergibt sich daraus sogar eine moralische Verpflichtung. Aber gerade das, so wissen wir, ergibt sich nicht von selbst. In einer Zeit, in der viele Menschen immer noch dem *Rationalismus* anhängen, einer Welterklärung, in der alles auf erklärbare Ursachen zurückgeführt wird und Gott aus dem Denken ausgeklammert wird, versteht sich der Glaube an den Schöpfer nicht mehr von selbst. Wir brauchen *Zeit* dafür, unsere Sinne für den Grund allen Seins zu öffnen. Diese Zeit wollen wir uns beim Pilgern nehmen. Wir nehmen die Beschleunigung aus unserem Leben, schalten den Gang der Entschleunigung ein, nehmen die Natur neu wahr und spüren etwas von ihrem Geheimnis.

Der Himmel verkündet es: Gott ist groß!
Das Heer der Sterne bezeugt seine Schöpfermacht.
Ein Tag sagt es dem andern,
jede Nacht ruft es der nächsten zu.
Kein Wort wird gesprochen,
kein Laut ist zu hören
und doch geht ihr Ruf weit über die Erde
bis hin zu ihren äußersten Grenzen.
Psalm 19, 1-4

*Ich mache mich auf den Weg,
überwinde die Trägheit des Körpers
und die Schwerkraft des Herzens.
Ich nehme nur das Notwendigste mit.
Leicht setze ich einen Schritt vor den anderen.
Nicht die Länge des Weges zählt,
sondern was ich hinter mir lasse.
Ich nehme mir Zeit für den Weg.
Der Weg wächst unter meinen Füßen.
Ich halte an, schaue mich um,
blicke ins Weite und in die Tiefe.
Ich schöpfe Atem, spüre wer ich bin.
Ich schmecke wie köstlich die einfachen Dinge sind,
Brot und Wasser.
Ich sehe die Menschen auf dem Weg,
ich bin dankbar für das, was sie mir geben.
Wie viele Menschen sind an dieser Wegkreuzung stehen geblieben?
Wie viele Menschen suchen den richtigen Weg, den sie gehen können?
Wie viele Menschen suchen sich selbst, wie viele suchen Gott den Schöpfer?
Ich weiß es nicht.
Aber ich habe das Gefühl, auf diesem Weg mit ihnen verbunden zu sein.*

Wandern und Pilgern

Was *unterscheidet* einen Pilger von einem Wanderer? Pilger wählen einen Weg mit einer symbolischen Bedeutung. Sehr beliebt sind historische Pilgerwege, die schon seit dem Hochmittelalter bekannt sind. Pilger haben ein Ziel, meist einen heiligen Ort oder eine Grabstätte. In der Vergangenheit waren es Orte wie *Jerusalem, Rom* oder *Santiago de Compostela,* die angesteuert wurden.

Ich habe die Erfahrung gemacht, dass die *symbolische* Bedeutung eines Weges nicht auf die historischen Pilgerwege und Ziele begrenzt ist. Was Bedeutung für mich gewinnt, entspringt aus mir selbst. Ob ein Ort für mich *heilig* ist, also mit einer besonderen Gotteserfahrung verknüpft ist, entscheide ich für mich selbst. Manchmal geschieht dies in Übereinstimmung mit den Empfindungen anderer Pilger – und so entstehen gemeinsame Pilgerwege und Ziele. Es kann aber auch sein, dass ich ganz für mich persönlich Wege und Orte entdecke, die ich dann auch gern wiederholt gehe. Ich lege Wert auf die Natur, die Schönheit des Weges und spirituelle Motive.

Jeder Pilger kann seinen *eigenen* Pilgerweg erfinden. Er muss nur offen sein für die Dinge, die ihm begegnen können und die ihm bei seinem Nachdenken über seine Beziehung zu Gott förderlich sind. Letztlich unterscheidet den Pilger vom einfachen Wanderer seine *innere Haltung* beim Gehen. Der Pilger öffnet sich beim Wandern für die Suche nach Gott und dem Sinn des Lebens.

Ob Pilger oder Wandersmann -
Woran will ich's erkennen?
Ein jeder tut, das was er kann
und will – ganz tief im Herzen drinnen.
Was ist es, was uns ruft und treibt
Auf diesen langen Weg?
Womit will ich's ergründen?
Die Sehnsucht ist's, Sehnsucht nach was –
Vergebung aller Sünden?
Ich denke Gott ist's, der uns ruft;
Auch mich schon Jahr und Tag.
Hab nur nicht richtig hingehört;
Zu viel auf meiner Seele lag.
Nun hab ich's überwunden.
Hab mich getraut, auf Gott gebaut,
bin meinen Weg gegangen.
Hab mich ihm einfach anvertraut,
um Frieden zu erlangen.
Ob Pilger oder Wandersmann –
Gott fragt uns nicht nach Gründen.
Das höchste Glück –für mich- auf diesem Weg
ist stets zu ihm zu finden.

Gedicht von Edeltraud Goetze, Pilgerforum

Mein persönlicher Pilgerweg

Der Kreativität sind bei der Suche nach spirituellen Motiven keine Grenzen gesetzt. Landschaften hinterlassen ganz unterschiedliche Eindrücke. Berge und Täler inspirieren auf andere Art und Weise als Ebenen. Das Wandern in den Dünenlandschaften vermittelt andere Impressionen als das Wandern in Wäldern. Die Auswahl des Weges beeinflusst sehr unsere Stimmungslage. Die Landschaften werden zu Gleichnissen für das Leben und für Gott. Schon die Verfasser der alttestamentlichen Psalmen zogen Vergleiche zwischen der Schöpfung und ihrem Schöpfer. Das Gebirge kann ebenso zum Gleichnis werden wie das Meer.

> *„Deine Gerechtigkeit steht wie die Berge Gottes*
> *und dein Recht wie die große Tiefe."*
> Psalm 36,6

> *„Nähme ich Flügel der Morgenröte*
> *und bliebe am äußersten Meer,*
> *so würde auch dort deine Hand mich führen."*
> Psalm 139, 9

Auf meinem persönlichen Pilgerweg begegnen mir auch Menschen, Tiere, Bäume, Pflanzen und Ereignisse. Je länger die Reise dauert, umso mehr nimmt die Fähigkeit der *Wahrnehmung* zu. Ich werde aufmerksamer, es entsteht eine stärkere Selbstwahrnehmung und ich werde sensibler für Gott. Als gläubiger Mensch habe ich zusätzlich meinen Schatz an geistlichen Texten und Gebeten. Ich nehme eine kleine *Bibel* mit auf den Weg, meditiere in Pausen über Texte, spreche alte, bekannte Gebete oder formuliere neue Gebete in meinem Herzen. Ich spüre: Nicht nur meine *physische* Kraft wächst durch die Anstrengung des Wanderns, sondern ich gewinne auch neue *psychische* Kraft. Manchmal stellen sich Einsichten ein, die ich schriftlich festhalten möchte. Mein Pilgertagebuch hält diese Einsichten fest. Es wird zu einem schönen und nützlichen Andenken an meine Wegstrecken.

Der Komiker Hape Kerkeling schrieb in sein Pilgertagebuch:

„Bald sitze ich im Zug nach Porto, um von dort aus am darauffolgenden Tag nach Hause zu fliegen. Während ich im Zug sitze, versuche ich meine Gedanken zu Gott zu sammeln und sie für mich noch einmal so griffig wie möglich formulieren.

Der Schöpfer wirft uns in die Luft, um uns am Ende überraschenderweise wieder aufzufangen. Es ist wie in dem ausgelassenen Spiel, das Eltern mit ihren Kindern spielen. Und die Botschaft lautet: Hab Vertrauen in den, der dich wirft, denn er liebt dich und wird vollkommen unerwartet auch der Fänger sein. Und wenn ich es Revue passieren lasse, hat Gott mich auf dem Weg andauernd in die Luft geworfen und wieder aufgefangen. Wir sind uns jeden Tag begegnet."

Hape Kerkeling, Ich bin dann mal weg

Ich bin dann mal weg

Spätestens seit dem Buch von Hape Kerkeling *Ich bin dann mal weg* und seinen Erfahrungen auf dem Jakobsweg wird das Pilgern von immer mehr Menschen als Chance gesehen, einmal abzutauchen. Die ganze Wegstrecke des Jakobswegs dauert allerdings 5-6 Wochen. Weil die wenigsten Menschen diese Zeit am Stück aufbringen können, gibt es auch *Etappenwanderer* auf dem Jakobsweg, die sich 2-3 Wochen vornehmen. Positive Erfahrungen stellen sich bereits nach einigen Tagen ein. Es liegt am Wanderer selbst, wie lange er braucht, um den Alltag hinter sich zu lassen.

Einige *Voraussetzungen* müssen allerdings erfüllt sein, wenn man diesen positiven Effekt tatsächlich erleben will: Das Smartphone muss ausgeschaltet sein. Es gibt keine Anrufe, keine Nachrichten. Die Welt hat Pause. Was andere von mir wollen interessiert mich während der Pilgerschaft nicht. Ich bin nicht erreichbar. Ein entspannendes Gefühl. Ich gebe mein eigenes *Tempo* an, indem ich dort stehen bleibe, wo ich stehen bleiben möchte und dann raste, wann es mir gefällt.

In der *Einsamkeit* der Landschaft mache ich mir bewusst, was ich sonst überhöre: die leisen Geräusche in der Natur, den Windzug auf meiner Haut, die Weite des Horizontes. Das Alleinsein verhilft mir zu meiner eigenen Geschwindigkeit, ich finde mein Taktgefühl, meine Frequenz. Nicht Termine und Uhrzeiten, sondern ich selbst bestimme die Frequenz, mit der ich mein Leben führen kann. Wenn ich es gelernt habe, mich darauf einzulassen, dann kann sich das Gefühl, *mal weg* zu sein, sehr schnell einstellen. Auch in einer Gruppe sind diese Erfahrungen möglich, allerdings überwiegen bei einer solchen Pilgerreise die Begegnungen untereinander.

Ein Naturgedicht, das an den Tod mahnt, schrieb Johann Wolfgang von Goethe wahrscheinlich am Abend des 6. Septembers 1780 mit Bleistift an die Holzwand einer Jägerhütte auf dem Kickelhahn bei Ilmenau:

Über allen Gipfeln
Ist Ruh,
In allen Wipfeln
Spürest du
Kaum einen Hauch;
Die Vögelein schweigen im Walde.
Warte nur, balde
Ruhest du auch.

Johann Wolfgang von Goethe

Seh die Schiffe ziehen,
fühl den Wellenschlag,
weiße Wolken fliehen
durch den späten Tag

Josef Weinheber

Einsamkeit

Wenn die Ruhe nicht zu einer beglückenden Erfahrung wird, sondern mir die Decke – oder in der Natur der Himmel – auf den Kopf fällt, offenbart dies eine schreckliche Erfahrung: *Einsamkeit.* Warum sage ich schrecklich? Niemand möchte gern allein durchs Leben gehen. Jeder Mensch ist ein soziales Wesen. Das Gefühl der Einsamkeit zeigt sich vor allem, wenn sich etwas im Leben grundsätzlich verändert – zum Beispiel, wenn Menschen erstmals für längere Zeit das Elternhaus verlassen, ihren Wohnort wechseln, einen Lebenspartner verlieren oder ihren Arbeitsplatz aufgeben. Neue Kontakte zu knüpfen braucht dann sehr viel Zeit. Einsamkeit ist kein erstrebenswertes Lebensziel, denn der Mensch ist auf Gemeinschaft angelegt.

Es gibt Menschen, die können das Alleinsein nicht ertragen. Auch jüngere Menschen kennen das Gefühl, einsam zu sein. Doch wer nicht allein sein kann, der wird auch Schwierigkeiten mit der Gemeinschaft haben. Jemand hat einmal gesagt: *Ein Mensch ist allein, wenn kein anderer um ihn herum ist. Ein Mensch ist einsam, wenn er andere Menschen um sich herum vermisst.*

Das Gefühl der Einsamkeit entsteht erst dann, wenn man andere Menschen vermisst. Wer die Momente genießen kann, in denen er allein ist, für den bekommt die Einsamkeit einen ganz anderen Charakter. Gerade Menschen, die aus beruflichen Gründen immer für andere da sein müssen, brauchen Zeit für sich selbst. Einsame Pilgerwanderungen können zu einem Ruhepol werden. Wer das Alleinsein für sich nutzen kann, der wird wieder ganz neu fähig zur Gemeinschaft. Menschen, die allein sein können, werden mehr Ruhe ausstrahlen. *Ausstrahlung* zieht wiederum andere Menschen an, denn jemand mit Ausstrahlung weckt immer mehr Interesse als jemand, der mit seinem Gemeinschaftsbedürfnis anderen nur auf die Nerven geht.

Wenn die Welt *rast,* alles digitaler, effizienter, schneller werden muss, ist die Ruhe mehr denn je gefragt. Und erst dann, wenn wir erkennen, dass wir keine Maschinen sind und das Limit des Menschen auf dem Weg zur Roboterisierung erreicht ist, haben wir wieder die Zeit, uns und andere Menschen aus der tödlichen Einsamkeit zu befreien, die uns heute umgibt und die so viele Menschen krank werden lässt.

Gnädiger Gott,
ich bin einsam und allein. Ich gehe durch die Straßen
und sehe Menschen miteinander reden und lachen,
Ich weiß nicht, woran es liegt,
dass ich allein und ohne Freunde bin.
Die Einsamkeit nagt an mir und ich wünsche mir so sehr
Menschen, die ein Stück meines Lebensweges mit mir gehen und an meiner Seite sind.
Ich danke Dir, dass Du mich hörst,
und dass Du, Gott, mein Freund bist.

Aussteig aus dem Hamsterrad

Den Ausstieg aus dem Alltag möchte ich beim Pilgern noch konkreter beschreiben als durch das bloße *mal weg sein*. Steige ich bloß aus, um möglichst schnell wieder in den Alltag einzusteigen? Oder geschieht etwas, was dauerhaft mein Leben verändert. Ich möchte den Ausstieg mit den Worten von Robert T. Kiyosaki als einen Ausstieg aus dem *Hamsterrad des Lebens* beschreiben. Er schildert ein fiktives Gespräch eines Jungen mit seinem reichen Vater:

*„Gut", sagte mein reicher Vater sanft. „Die meisten Menschen haben einen Preis. Und sie haben diesen Preis infolge der menschlichen Emotionen, genannt Angst und Gier. Zunächst motiviert uns die Angst, kein Geld zu haben, dass wir fleißig arbeiten und sobald wir unser Gehalt bekommen, veranlassen und Begierden und Wünsche, an all die wunderbaren Dinge zu denken, die man mit Geld kaufen kann. Und schon ist das Muster in uns verankert."
„Welches Muster?" fragte ich. „Aufstehen, zur Arbeit gehen, Rechnungen bezahlen, aufstehen, zur Arbeit gehen, Rechnungen bezahlen. Das Leben dieser Menschen wird ab diesem Zeitpunkt von zwei Gefühlen beherrscht, von Angst und Gier. Biete ihnen mehr Geld und sie werden den Kreislauf fortsetzen und dabei gleichzeitig ihre Ausgaben steigern. Das ist das, was ich als Hamsterrad bezeichne."
„Gibt es einen Ausweg?" fragte Mike. „Ja", sagte mein reicher Vater langsam. „Aber nur wenige Menschen finden ihn."*

Angst und Gier

Pilgern eröffnet einen Weg, aus dem Hamsterrad des Lebens auszusteigen, das von den beiden Emotionen Angst und Gier angetrieben wird. Niemand wird leugnen, diese beiden Emotionen aus dem eigenen Leben zu kennen. Denken wir nur einmal an die Ängste, die uns beim Verlust des Arbeitsplatzes treffen oder bei Schicksalsschlägen, bei denen die ganze Familie betroffen ist. Existenzängste gehen an die Substanz. Kann ich den Lebensunterhalt für mich und meine Familie aufbringen? Für manche Menschen ist es die einzige Sorge, die sie umtreibt. Solche Ängste können auch auftreten, wenn die Grundversorgung eigentlich gesichert ist. Rein rechnerisch wäre es für die meisten Menschen vom Geld her möglich, leben zu können. Aber nur theoretisch. Denn nun dreht sich dieses Hamsterrad, das man auch *Teufelskreis* nennen kann.

In unserer Gesellschaft dreht sich das Rad des Lebens gewöhnlich so, dass mit jedem eintretenden Verdienst die Lebensansprüche wachsen. Verpflichtungen werden eingegangen, sei es mit der Finanzierung eines Hauses oder Autos, dem Mietvertrag für eine Wohnung oder für gestiegene Gesundheits- und Freizeitausgaben. Kiyosaki beschreibt diese Spirale nach oben als *Gier*. Man könnte es etwas harmloser auch als *Ansprüche* bezeichnen. Fallen die finanziellen Einnahmen plötzlich weg, lassen sich die Ansprüche nur schwer herunterschrauben. Manchmal lassen sich eingegangene Verpflichtungen nicht auflösen. In diesen Situationen stellt sich die *Existenzangst* ein. Durch eine Steigerung der finanziellen Einnahmen versuchen Menschen ihre Angst zu lindern. Aber genau das stellt sich nicht ein. Das Geld beherrscht unser Leben, ohne dass wir es uns eingesehen. Und mit dem Geld — egal wie viel oder wie wenig wir davon haben — wächst die Gier. *Du sollst nicht begehren* – das Gebot warnt uns nicht nur vor dem Schielen auf fremdes Eigentum, sondern mahnt uns auch, unser Maß zu finden. Angst und Gier beschleunigen das Tempo im Hamsterrad des Lebens, aus dem wir aussteigen müssen. Wahrer Reichtum bedeutet nicht, immer mehr zu haben, sondern dieser Reichtum stellt sich ein, wenn wir es lernen, weniger zu begehren.

Wer Geld liebt, wird vom Geld niemals satt,
und wer Reichtum liebt,
wird keinen Nutzen davon haben.
Das ist auch eitel.

Prediger 5:9

Sorgenfrei

Sehet die Vögel unter dem Himmel an:
sie säen nicht, sie ernten nicht,
sie sammeln nicht in die Scheunen;
und euer himmlischer Vater nährt sie doch.
Seid ihr denn nicht viel mehr denn sie?

Matthäus 6,26

Jesus sprach diese Worte zu Menschen, die von Sorgen und Existenzängsten umgetrieben waren. Diese Ängste gab es damals wie heute und die Notwendigkeit ihre bindende Macht zu lösen, erkennen wandernde Pilger in besonderer Weise. Pilger haben nur das *Notwendigste* dabei. Schon bei der Ausrüstung und den Utensilien müssen sie sehr sparsam auswählen. Jedes unnütze Gepäckstück wird auf der langen Strecke unendlich schwer. Nur mit leichtem Gepäck ist der Weg zu schaffen. Und gut ausgewählte Hilfsmittel lehren uns, ihren Wert zu schätzen.

Denken Sie auf Ihren langen Wanderungen manchmal an Ihren *Besitzstand?* Vermissen Sie ihn? Was haben Sie zu Hause nicht alles zurückgelassen – Ihr Haus samt ganzem Hausrat (hoffentlich versichert), Ihr Auto, Ihr Vermögen in Geld, Sparbüchern oder Anlagen – alles ist weit, weit weg. Das schafft *Abstand* – und der tut gut. So manchem Pilger ging bei seiner Wanderschaft schon auf, dass er mehr an materiellen Gütern besitzt als er eigentlich benötigt. Und er fragte sich, ob das Streben nach *mehr* das verbleibende Lebensziel sein soll. Der Politiker wird an dieser Stelle einwenden, dass unsere Volkswirtschaft auf Wachstum angelegt ist. So gesehen ist das Pilgern eher schädlich als nützlich. Doch einem Turbowachstum der Wirtschaft muss sich kein Pilger verpflichtet fühlen. Inzwischen ist auch hier die Einsicht gewachsen, lieber auf *Nachhaltigkeit* der Wirtschaft zu setzen. Unterstützen Sie diesen Trend, indem Sie zuerst an die Zufriedenheit Ihrer eigenen Seele denken, die sich einstellt, wenn Sie von der fixen Idee Abstand genommen haben, immer mehr haben zu müssen und zu wollen. Jesus fragte seine Jünger, die auf ihrer Wanderschaft mit ihm – ähnlich den Pilgern – alles zu Hause zurückgelassen hatten:

> *Als ich euch ausgesandt habe ohne Geldbeutel,*
> *ohne Tasche und ohne Schuhe,*
> *habt ihr da je Mangel gehabt?*
> *Sie sprachen: Niemals.*
>
> Lukas 22,35

Zum Nachdenken: Zerbreche ich mir den Kopf über Konsumgüter, die ich als nächstes anschaffen will? Brauche ich wirklich einen so teuren Wohnraum? Benötige ich ein neues Auto – oder komme ich nicht mit meinem jetzigen auch von A nach B? Was bringt mir eine geplante Investition an besserer Lebensqualität? Habe ich Kredite, nur weil ich etwas haben musste, das ich eh nicht mit ins Grab nehmen kann? Wieviel Zeit verbringe ich damit, das Geld zu erwirtschaften, um die Kredite abzubezahlen?

Mit Visionen leben

Pilgern kann uns zunächst einmal aus dem Alltag herausnehmen, es schafft Abstand zu unserem Besitz und wir bekommen einen neuen Blick für immaterielle Lebensziele. Die Zeit des Verzichts macht uns frei. Bei diesem Ergebnis sollte mal allerdings nicht stehen bleiben. Der Ausstieg aus der Welt geschieht nur für eine gewisse Zeit, um dann wieder neu einsteigen zu können. Dazu müssen wir *Visionen* von unserem Leben entwickeln.

Durch das Pilgern entdecken wir Lebensziele, die außerhalb des Kreislaufs von Angst und Gier liegen. Erst wenn sich die Seele von diesen Bindungen gelöst hat, richtet sich der innere Blick auf die Träume, die in uns sind. Vielleicht sind diese Träume verschüttet und müssen mühsam freigelegt werden. Dazu ist es hilfreich, sich einmal an die eigene Schulzeit zu erinnern, also die Zeit, die für viele Menschen noch außerhalb des Hamsterrades stand.

Wer hat in seiner Schulzeit nicht von einem Beruf geträumt, in der er seine *Vorstellungen vom Leben* verwirklichen konnte? Sei es als Lokomotivführer, Feuerwehrmann, Krankenschwester, Lehrer, Ärztin, Polizist oder Künstler? Wollten Sie als Missionar oder Entwicklungshelferin in ferne Länder reisen? Was ist aus den Träumen geworden? Sind sie der Realität gewichen? Stand am Ende die Ernüchterung? Vielleicht ist aus den Träumen nichts geworden, weil mit dem Schulabschluss zu schnell das Ende des Lernens gekommen war und das Hamsterrad sich anfing zu drehen. Die Träume wurden begraben, zu Recht, denn nun fehlten ja auch die Möglichkeiten und die Mittel, um sie zu verwirklichen. Und wer kennt es nicht aus seinem Berufsleben – meist liegt es an der fehlenden Zeit und am fehlenden Geld, um längerfristige Fortbildungen und Umschulungen vorzunehmen.

Vielleicht sollte sich jeder einmal auf seinen Wanderungen die Frage stellen, ob es wirklich an der *fehlenden Zeit* und am *fehlenden Geld* liegt, oder ob die Mittel zur Fort- und Weiterbildung nur deshalb nicht frei sind, weil sie im Hamsterrad der permanenten Geldausgaben für andere Dinge ausgegeben werden? Wenn Sie glauben, die Finanzierung einer Fortbildung sei eine Sache Ihres Arbeitgebers, dann können Sie lange auf Ihre Fortbildung warten. Sie mögen im Recht sein, aber helfen wird es Ihnen nicht.

Für die Verwirklichung mancher Träume bieten die *bezahlten* Arbeitsplätze in dieser Welt überhaupt keine Chance auf eine Realisierung. Hier liegt die einzige Möglichkeit in einer *ehrenamtlichen* Tätigkeit. Ein schier unerschöpfliches Arbeitsfeld liegt im diakonischen und kirchlichen Bereich. Wenn Sie gern anderen Menschen den christlichen Glauben nahebringen wollen, wenn Sie gern Besuche machen und helfen, werden Sie kaum eine bezahlte Stelle dafür finden. Nur wer aus dem Hamsterrad der Angst und Gier ausgestiegen ist, wird Ressourcen entdecken, um seine Träume zu verwirklichen.

Der Löwe in Marmor

Ein Bildhauer arbeitete einmal schwer mit Hammer und Meißel an einem großen Marmorblock. Ein kleines Kind sah ihm zu und sah immer nur große und kleine Steinbrocken nach links und rechts wegfallen. Es konnte sich gar nicht vorstellen, was er da machte. Als der kleine Junge jedoch ein paar Wochen später wieder in die Werkstatt kam, sah er zu seiner Verwunderung einen großen, mächtigen Löwen an der Stelle sitzen, wo der Marmorblock gestanden hatte. Ganz aufgeregt rannte er zu dem Bildhauer und fragte ihn: „Sag mir doch: Woher hast du gewusst, dass in dem Marmor ein Löwe war?" „Ich wusste, dass der Löwe im Marmor war, weil ich den Löwen in meinem eigenen Herzen gesehen habe, bevor ich ihn im Marmor sah.
Nach Henry J.M. Nouwen

Das Gleichnis vom Löwen im Marmor zeigt uns, worauf es ankommt, wenn eine Vision in unserem Leben Wirklichkeit werden soll. Zunächst musste der Bildhauer ein inneres Bild von dem Löwen haben, den er aus dem Stein hauen wollte. Erst dann konnte er das Kunstwerk realisieren. Der Marmorlöwe entstand nicht durch emsige handwerkliche Arbeit, auch nicht durch die Beschaffung von erstklassigem Material. Das alles waren nur äußere Dinge. Das Entscheidende war das *Bild,* das im Herzen des Künstlers existierte. Auch für das Leben brauchen wir solche Bilder. Wir können sie auch *Visionen* nennen. Sie schlummern in unseren Herzen.

Ohne Visionen wird nichts Neues in unserem Leben geschehen. Ohne Perspektiven bleiben wir, wie wir sind, und unser Umfeld bleibt es auch. Das Pilgern ist eine Zeit, in der wir Visionen finden können. Die Zeit, die wir uns nehmen, um uns innerlich neu zu orientieren, ist eine gut angelegte Zeit. Die meisten Menschen nehmen sich *Urlaub,* um sich von ihrer Erschöpfung zu regenerieren. Das ist notwendig, aber noch keine kreative Zeit. Kaum ist man wieder im Berufsalltag angekommen, scheint der Urlaub verflogen und man arbeitet sich bis zum nächsten mühsam durch.

Pilgern ist mehr als Urlaub. Wer neue Lebensziele hat, wer im Beruflichen, Ehrenamtlichen und Privaten weiß, was er tut und warum, der lässt sich nicht von einem Tag zum anderen hetzen, sondern hat die Kraft, jeden Tag bewusst zu gestalten. Bis eines Tages jeder sieht, was für ein Löwe im Marmor war.

Werde, was du schon bist.
Suche Ihn, der bereits dein ist.
Höre auf Ihn, der nimmer aufhört zu dir zu sprechen.
Gehöre Ihm, der dich bereits Sein eigen nennt.

Gregor vom Sinai

Weiß ich den Weg auch nicht, du weißt ihn wohl;
das macht die Seele still und friedevoll.
Ist's doch umsonst, dass ich mich sorgend müh,
dass ängstlich schlägt mein Herz, sei's spät, sei's früh.

Du weißt den Weg für mich, du weißt die Zeit,
dein Plan ist fertig schon und liegt bereit.
Ich preise dich für deiner Liebe Macht,
ich rühm die Gnade, die mir Heil gebracht.

Du weißt, woher der Wind so stürmisch weht,
und du gebietest ihm, kommst nie zu spät,
drum wart ich still, dein Wort ist ohne Trug,
du weißt den Weg für mich, das ist genug.

Hedwig von Redern, 1901

Wer bin ich?

Wer bin ich – und wenn ja, wie viele? fragt der Philosoph Richard David Precht, der auf humorvolle Weise veranschaulicht, wie wenig eindeutig die Antwort auf den Versuch einer Selbstfindung ausfallen kann. Wer bin ich? Ein *Selbsttest* kann vieles zutage fördern. Bin ich logisch veranlagt? Erscheine ich öfters unpünktlich? Lese ich keine Science Fiction? Halte ich Religion für Privatsache? Verliere ich schnell die Beherrschung, habe ich Mitleid mit Obdachlosen? Bin ich ein offener Mensch, bin ich gewissenhaft, bin ich verträglich?

Die Frage bleibt jedoch offen: Wenn ich alle Antworten meines Selbsttests addiere, *bin ich das?* Wenn ich alles zusammenzähle und einen Strich darunter ziehe, habe ich dann das Ergebnis? Besteht meine Persönlichkeit aus diesen Eigenschaften? Was ist damit über mich gesagt? Die Suche nach einer Antwort, wer ich wirklich bin, wird auf diese Weise zu einer unendlichen Geschichte.

Viel interessanter finde ich es, nach einem *Schlüssel* zu suchen, der die Tür zu meinem Leben aufschließt. Ein solcher Schlüssel kann ein einziger Aspekt meiner facettenreichen Persönlichkeit sein, ein einziges Wort, das doch alles sagt. Jesus fand zu Beginn seiner öffentlichen Wirksamkeit ein solches Wort in der Zusage Gottes, seines Vaters. Nach vierzig Tagen der inneren Vorbereitung in der Einsamkeit der Wüste ließ er sich von Johannes am Jordan taufen. Dies war sein *Schlüsselerlebnis*.

> *Und es begab sich, als alles Volk sich taufen ließ*
> *und Jesus auch getauft worden war und betete,*
> *da tat sich der Himmel auf, und der Heilige Geist fuhr*
> *hernieder auf ihn in leiblicher Gestalt wie eine Taube,*
> *und eine Stimme kam aus dem Himmel:*
> *Du bist mein lieber Sohn, an dir habe ich Wohlgefallen.*
> Lukas 3, 21-22

Die Verfasser der Geschichte Jesu erzählen nicht ohne Grund so ausführlich von diesem einschneidenden Erlebnis im Leben Jesu. *Du bist mein lieber Sohn, an dir habe ich Wohlgefallen* – ein Wort des Zuspruchs, ein Wort der bedingungslosen Annahme Jesu durch Gott seinen Vater. Das Wort von außen schließt Jesus die Bestimmung seines Lebens auf. Jesus fand seine Berufung und konnte in der Gewissheit wirken, der geliebte Sohn seines Vaters im Himmel zu sein.

Die Frage *Wer bin ich?* war damit für Jesus beantwortet. Sicherlich war Jesu Persönlichkeit damit in keiner Weise umfassend beschrieben, aber alles, was ihn ausmachte, war in diesem Augenblick nicht so wichtig wie dieser klare Zuspruch: *Du bist mein geliebter Sohn.* Die Liebe und Annahme durch Gott seinen Vater wird durch den Zusatz noch unterstrichen: *An dir habe ich Wohlgefallen.*

Nun konnte Jesus ganz in der Gewissheit leben, von seinem Vater im Himmel ganz und gar geliebt und akzeptiert zu sein. *Liebe und Akzeptanz* sind eine Grundvoraussetzung für das Klima, in dem sich menschliches Leben entfalten kann. Es gab Jesus ein *Selbstbewusstsein*, das niemand ihm nehmen konnte, auch nicht in dem Moment, als sich Liebe und Akzeptanz durch seine Feinde und Gegner ins Gegenteil verkehrten und sie ihn ans Kreuz schlugen.

Was ist die *Grundlage* meines Selbstbewusstseins? Mache ich mich abhängig von dem Urteil anderer Menschen? Das wäre sehr gefährlich, denn es würde bedeuten: Solange die Menschen gut über mich reden, bin ich oben auf. Aber was ist, wenn die Leute schlecht über mich reden? Wenn ich gar meine Freunde verliere, Menschen, auf die ich mich verlassen habe? Dann bin ich verloren. Dann falle ich in ein seelisches Loch. Wenn die Grundlage meines Lebens ist, was andere Menschen über mich denken und sagen, lebe ich sehr gefährdet.

Ebenso gefährlich ist es, wenn ich meinen Selbstwert abhängig von dem mache, was ich tue, von meiner eigenen Leistungsfähigkeit. Unsere Gesellschaft möchte jeden von uns in seinem Wert darauf festsetzen, was er kann, leistet oder besitzt. Das *Fazit* der Gesellschaft lautet entweder: *Du kannst etwas, du hast etwas – also bist du etwas.* Es kann aber auch lauten: *Du kannst nichts, du hast nichts – also bist du nichts.* In vielen Persönlichkeitstests werden wir auf einer Skala zwischen Minus und Plus eingeordnet. Wer sich auf so etwas einlässt, lebt ungesund. Er gerät nur unter Druck und Stress, seinen Selbstwert zu verbessern.

Ein echtes Selbstwertgefühl gewinnen wir nur, wenn wir uns vom Leistungsdruck und dem Urteil anderer Menschen befreien. Ein Zuspruch von außen, wie ihn Jesus erfahren hat, kann uns die Antwort auf die Frage geben, wer wir sind. Haben wir schon die innere Stimme gehört, die uns gesagt hat: *Du bist Gottes geliebtes Kind?* Dieses innere Wort zu hören, kann zu einer Schlüsselerfahrung unseres Lebens werden. Jesus erfuhr die bedingungslose Zuwendung seines Vaters, er wurde von Gott als Sohn akzeptiert. Jesus hat alle Menschen, die an ihn glauben und in seiner Nachfolge leben, in die innige Gemeinschaft mit hineingenommen, die zwischen ihm und seinem Vater bestand. Er sagte:

> *An jenem Tage werdet ihr erkennen,*
> *dass ich in meinem Vater bin*
> *und ihr in mir und ich in euch."*
> Johannes 14,20

Selbstbewusstsein bekomme ich, wenn ich die Stimme Gottes in mein Leben sprechen und ihn auch das letzte Urteil über mein Leben sprechen lasse. Gott sagt: Du bist mein geliebtes Kind! Ein solches Selbstbewusstsein gründet in einem *Gottes*bewusstsein. Es ist zweifellos nicht einfach, in einer Welt, in der *viele* Stimmen zu hören sind, *diese* Stimme zu hören. Manchmal tönen die negativen Stimmen überlaut und sind zahlreich. Doch die Wahrheit liegt in dem einen Wort Gottes. Wenn er es uns zuspricht, kann uns nichts in dieser Welt erschüttern.

Wer ist Gott?

Schon bei der Frage *Wer bin ich?* wurde deutlich, wie schwer eine eindeutige Antwort zu finden war. Ich habe die Erfahrung geschildert, dass ein Schlüsselwort mehr aufschließen kann als eine lange Selbstanalyse. Auch die Frage *Wer ist Gott?* lässt sich umfassend nicht beantworten. Gott ist ein *Mysterium,* ein Geheimnis. Ein Geheimnis kann man nicht vollständig begreifen, man kann sich ihm nur annähern. Das Johannesevangelium versteht sich als Offenbarung vieler Mysterien, die Jesus und seinen himmlischen Vater umgeben. Dazu gehören die Aussagen über den Geist:

> *Gott ist Geist,*
> *und die ihn anbeten,*
> *die müssen ihn im Geist und in der Wahrheit anbeten.*
> Johannes 4,24

Das Wort *Geist* ist einerseits sehr geheimnisvoll und vielschichtig, andererseits sehr einfach zu verstehen. In der hebräischen Sprache des Alten Testaments wird das hebräische Wort *ruach* in unserer deutschen Bibel mit dem Wort *Geist* übersetzt. Es bedeutet in seinem Wortsinn soviel wie *Wind, Atem* und kann am besten mit *Lebensatem* wiedergegeben werden, wie es bei der Erschaffung des Menschen in Genesis 2,7 gebraucht wird: *Da machte Gott der HERR den Menschen aus Erde vom Acker und blies ihm den Odem des Lebens in seine Nase. Und so ward der*

Mensch ein lebendiges Wesen. Durch den Atem des Lebens ist der Mensch mehr als eine physische Substanz, r hat einen Geist. Dieser Geist ist das Leben und die Kraft von Gott, die ihn lebendig macht. Die Theologen haben viele Gedanken darauf verwendet, dieses Geheimnis zu entschlüsseln. Einem Geheimnis kann man sich aber nur annähern. Uns helfen heute die Begriffe *Seele* und *Bewusstsein*. Doch ganz gleich, ob wir vom Geist, von der Seele oder vom Bewusstsein reden, wir gelangen immer an die Grenze unseres Verstehens. Sprechen wir vom *Bewusstsein*, so meinen wir im weitesten Sinne das Erleben mentaler Zustände, schließen also auch das ein, was wir landläufig als das *Unterbewusstsein* bezeichnen.

Spricht Johannes vom Mysterium Gottes als *Geist,* so meint er nichts anderes, als dass Gottes Bewusstsein im viel größeren Maßstab als das menschliche Bewusstsein zu denken ist. Oder umgekehrt ausgedrückt: Der Geist des Menschen ist im kleineren Maßstab ein Abbild des Geistes Gottes. Schließlich war das göttliche Bewusstsein zuerst da. Manche bezeichnen Gott auch als *Weltseele,* solche Begriffe sind immer mehr oder weniger glücklich gewählt. Wir sind jedoch dem göttlichen Geheimnis auf der Spur, wenn wir das menschliche Bewusstsein als eine schöpfungsgemäße *Gottesebenbildlichkeit* interpretieren, die trotz des großen qualitativen Unterschiedes von Gott und Mensch immer noch besteht. Diese Ebenbildlichkeit lässt die Kommunikation zwischen dem winzigen Menschen und dem großen Gott gelingen.

Komm, Heilger Geist, mit deiner Kraft,
die uns verbindet und Leben schafft.

Wie das Feuer sich verbreitet
und die Dunkelheit erhellt,
so soll uns dein Geist ergreifen,
umgestalten unsre Welt.

Wie der Sturm so unaufhaltsam,
dring in unser Leben ein.
Nur wenn wir uns nicht verschließen,
können wir deine Kirche sein.

Schenke uns von deiner Liebe,
die vertraut und die vergibt.
Alle sprechen eine Sprache,
wenn ein Mensch den andern liebt.

Evangelisches Gesangbuch

Gibt es einen persönlichen Gott?

Im Johannesevangelium finden wir solch universale Gedanken wie *Gott ist Geist* – und zugleich redet Jesus diesen unfassbaren Geist mit dem aramäischen Kosenamen *Abba* an, das bedeutet übersetzt soviel wie *Papa*. Eine sehr persönliche Anrede.

Wir beten in der christlichen Tradition: *Vater, Allmächtiger Gott, HERR,* manchmal sagen wir auch *Mutter* und verwenden weibliche Attribute Gottes, die heute öfter verwendet werden als dies in früheren Zeiten der Fall war. Oftmals gilt die Regel: Je ehrfürchtiger wir von Gott reden, umso unpersönlicher wird unsere Anrede. Sollten wir nicht gar vom *Urgrund allen Seins* oder vom *kosmischen Bewusstsein* sprechen? Ich glaube nicht. Je persönlicher die Anrede an Gott ist, desto eher gelingt es uns, in eine Haltung des vertrauensvollen Gespräches zu kommen. Die Kommunikation zwischen dem winzigen Menschen und dem großen Gott ist in jedem Fall ein Mysterium, das wir nicht noch durch unsere Scheu vertiefen sollten, indem wir uns in unserer Ansprache gleich an das gesamte Universum richten.

Ich glaube, dass wir zu Gott die richtige Einstellung bekommen, wenn wir ihm gegenüber eine persönliche Anrede wählen. Und ich denke, dass wir auch dann nicht falsch damit liegen, wenn Gott tatsächlich das ganze Universum umfasst. Erinnern wir uns an die Analogie des Bewusstseins. Wir sind als Geschöpfe als Ebenbild Gottes erschaffen. Gottes Bewusstsein hat unser Bewusstsein ins Dasein gerufen. Unser menschliches Bewusstsein bildet ja im Laufe des Lebens immer eine eigene Persönlichkeit aus. Das neuronale Netz unseres Gehirns bildet eine elektromagnetische Aktivität, in der eine unvorstellbare Menge an Informationen gespeichert und verarbeitet werden kann. In Analogie dazu kann das komplexe Bewusstsein Gottes den ganzen Kosmos umfassen und eine Persönlichkeit ausbilden, die dem menschlichen Geist ungleich überlegen, aber auf keinen Fall unpersönlich ist. Der Geist ist eine Person. Begreifen können wir das sicherlich niemals. Es ist aber so, dass wir auf unserem Weg mit Gott stets von Geheimnissen umgeben sind, die wir war nicht begreifen, aber erspüren können. Betende Menschen haben die Erfahrung gemacht, dass sie durch eine persönliche Anrede Gottes eine innige Nähe zwischen ihrem Geist und dem Geist Gottes erfahren, eine Verbundenheit ihres individuellen Bewusstseins mit dem universellen Bewusstsein Gottes. Auch die ersten Christen sind dem Vorbild Jesu gefolgt und haben Gott persönlich angeredet. Der Apostel Paulus schreibt stellvertretend für sie:

Welche der Geist Gottes treibt, die sind Gottes Kinder. Denn ihr habt nicht einen knechtischen Geist empfangen, dass ihr euch abermals fürchten müsst; sondern ihr habt einen kindlichen Geist empfangen, durch den wir rufen: Abba, lieber Vater!

Römer 8,14f

Dein persönlicher Jesus

Dein persönlicher Jesus
Greif zu, berühre den Glauben!
Dein eigener, persönlicher Jesus
Jemand, der deine Gebete hört
Jemand, der Anteil nimmt
Dein eigener, persönlicher Jesus
Jemand, der deine Gebete hört
Jemand, der da ist

Depeche Mode

Gibt es einen persönlichen Jesus? Während die Gruppe Depeche Mode ihren Song *Personal Jesus* im Original mit einem kritischen Unterton versah, haben Interpreten wie Johnny Cash und Nina Hagen diesen Song ohne diesen Unterton übernommen, ganz aus Überzeugung gesungen und ihn zu ihrem Bekenntnis gemacht. So verschieden kann die Einstellung zum Glauben an einen *persönlichen Jesus* sein.

Die meisten Gläubigen empfinden zu Jesus eine große Nähe. In vielen christlichen Gebeten wird Jesus direkt angesprochen. Dadurch entsteht ein persönlicher Kontakt, ähnlich wie es in der personalen Anrede Gottes geschieht. Schon die ersten Christen bekannten: *Jesus ist der Christus.* Sie meinten damit, dass der historische Jesus von Nazareth auch der Christus sei, d.h. der von Gott zur Erlösung aller Menschen gesandte Messias und Sohn Gottes. Auch hier liegt eine konkrete Erfahrung zugrunde, die die Jünger Jesu mit ihrem Meister gemacht hatten. Niemand hatte sich das am Schreibtisch ausgedacht. Erst später haben Theologen diese Erfahrung zu deuten versucht, wobei die christlichen Denker sehr schnell an ihre Grenzen kamen. Wer ehrlich war, musste zugeben, dass er auch hier vor einem Mysterium stand, einem Geheimnis, dem sich die Theologie, also das wissenschaftliche Nachdenken über Gott, nur annähern konnte.

Was war die ursprüngliche *Erfahrung* der Jünger Jesu? Auf jeden Fall war ihnen sehr schnell nach Jesu Tod klar, dass Jesu Geist nicht einfach von der Erde verschwunden sein konnte, weder durch seinen Tod am Kreuz noch nach den Ereignissen um seine Auferstehung und Himmelfahrt. Die Apostelgeschichte erzählt von der visionären Lichterscheinung, die dem Saulus aus Tarsus widerfuhr, einem Verfolger der Gemeinde. Sie geschah auf seinem Weg nach Damaskus, nicht weit vor der Stadt.

> *Er stürzte zu Boden und hörte eine Stimme:*
> *„Saul, Saul, warum verfolgst du mich?"*
> *„Wer bist du, Herr?", fragte Saulus.*
> *Die Stimme sagte: „Ich bin Jesus, den du verfolgst!"*
>
> Apostelgeschichte 9, 4.5

Nach diesem denkwürdigen Erlebnis bekehrte sich Saulus – und aus dem Saulus wurde ein Paulus. Nicht theologisches Nachdenken, sondern eine spirituelle Erfahrung war der Anstoß, dass Paulus zum Apostel der Völker werden sollte.

Der Geist Jesu machte sich bemerkbar, er wurde als Stimme vernommen oder als Licht gesehen. Sein Einfluss war nicht von der Erde verschwunden. Wie sollte er auch? Für den Gläubigen existiert die Seele eine jeden Menschen weiter, kein menschlicher Geist löst sich einfach in Luft auf, auch wenn der Körper zu Grabe getragen wird. Was für jede menschliche Seele gilt, gilt natürlich auf für den Geist Jesu. Zumal sein Leben aufgrund seiner Herkunft aus Gott und seiner Rückkehr zum Vater eine ganz besondere Stellung in der himmlischen Welt erhielt. Als Sohn Gottes nimmt er die höchste vorstellbare Position ein. Er sitzt, bildlich gesprochen, an der rechten Seite Gottes, eine Umschreibung für die höchste Autorität in der himmlischen Welt. Das Reich der unsichtbaren Geister umfasst den Vater, den Sohn, den Geist, die Propheten und Vorbilder des Alten Testaments, die Engelwesen und die Seelen der verstorbenen Gläubigen.

Richten wir unseren Blick noch einmal weg von der himmlischen Welt, die manchen von uns vielleicht ganz schwindelig werden lässt, und richten wir den Blick noch einmal auf Jesus, wie er hier auf Erden gelebt hat. Seine Worte und seine Taten sind für uns bis heute vorbildlich und wegweisend. Seine Menschenfreundlichkeit macht ihn uns sehr sympathisch, wir fühlen uns mit ihm verbunden. Das bringt Jesus in eine Mittlerposition. Einerseits sehen wir ihn zur Rechten Gottes – andererseits spüren wir ihn an der Seite der Menschen. Diese Mittlerposition legt es nahe, dass sich die Gebete der Gläubigen direkt an Jesus Christus wenden. Wer Jesus nachfolgen will, wird sein Gebet gern an Jesus selbst richten, fühlt er sich doch in seinem Bewusstsein auch heute ganz mit dem Geist Jesu verbunden. Wenn wir bekennen, dass Jesus lebt, bedeutet es nicht, dass wir seine Seele irgendwo auf der Erde oder im Himmel lokalisieren könnten. Jesu Geist ist ebenso wenig an einen Ort gebunden wie der Geist seines Vaters. Er umfasst das gesamte Universum. Überall ist das Bewusstsein Jesu zu finden, weil es überall da ist. Der Gläubige erlebt eine Seelenverbundenheit mit Jesus, die er nicht rational beschreiben kann.

> *An dem Tage werdet ihr erkennen,*
> *dass ich in meinem Vater bin*
> *und ihr in mir und ich in euch.*
> Johannes 14,20

Nicht jedem ist der Glaube an das Unsichtbare in die Wiege gelegt. Manchmal prallen in den religiösen Vorstellungen gegensätzliche Weltbilder aufeinander. Theologen versuchen den Glauben aus ganz unterschiedlichen Weltanschauungen zu interpretieren. Doch wer die Verbundenheit zu Jesus in seinem Bewusstsein spürt, der weiß um seinen *persönlichen Jesus*.

*Jesus, du bist der Weg,
du führst uns zum guten Ziel.
Jesus, du bist die Tür,
du eröffnest uns den Weg in das Reich deines Vaters.
Jesus, du bist der gute Hirte,
du sammelst Menschen und suchst die Verlorenen.
Jesus, du bist das Ziel,
du gibst unserem Leben Sinn und Richtung.*

*Jesus, du bist der Schöpfer,
aus dir entspringt unser Leben täglich neu
Jesus, du scheinst als das Licht,
du machst jede Dunkelheit hell und erträglich.
Jesus, du bist das Leben,
du machst uns unsterblich in dir.
Jesus, du bist die Liebe,
du hast dein Leben für die Menschen gegeben.
Jesus, du hast die Welt überwunden,
du nimmst unserem Leben die Angst.
Jesus, du bist die Wahrheit,
du leitest uns vom Denken zum Handeln.
Jesus, du gibst den Frieden,
du versöhnst uns mit unseren Feinden.
Jesus, du bist das Brot,
du gibt Nahrung für Leib und Seele.
Jesus, du bist der Weinstock,
in dir sind wir verbunden zu einer Gemeinschaft.
Jesus, du bist der Wein,
du feierst mit uns das Reich Gottes.
Jesus, du sprichst das Wort,
du löst und befreist.
Jesus, du bist der Richter,
du unterscheidest den Schein von der Wahrheit.
Jesus, du versöhnst,
du vergibst Schuld und schenkst einen Neuanfang.
Jesus, Du bist der Sohn Gottes,
lass uns das liebende Herz des Vaters erkennen.*

Das Stillegebet

Der niederländische Priester und Psychologe Henri Nouwen hat ein Stillegebet entwickelt, das einen großen Gewinn für all diejenigen darstellt, die sich auf die Praxis des Nachdenkens über einen Bibeltext wirklich einlassen möchten. Das Stillegebet beginnt mit Praktiken, die wir aus der Psychologie kennen. Es geht Nouwen darum, zunächst einmal die innere Bereitschaft zum Hören zu schaffen, bevor die Meditation über ein Bibelwort beginnt. Die Wahrnehmung des eigenen Atems leitet die Übung ein, doch dann stellen sich schnell die Gedanken ein, die uns von der Konzentration abhalten. Diese Gedanken sollen zugelassen werden. Der Beter soll warten, bis die Gedanken vorüber ziehen und sich dann dem Bibelwort zuwenden. Um das Stillegebet zu praktizieren, sollten wir uns also im Freien oder in einem Raum einen ungestörten Bereich suchen, entspannt sitzen können und eine Bibel zur Hand haben sowie eine Möglichkeit des Schreibens, vielleicht in einem Pilgertagebuch. Henry Nouwen, Lectio divina, S.147f:

„Bring dich zunächst so, wie du bist, vor Gott. Setz dich bequem hin, vor dir die Bibel, aufgeschlagen für eine ausgewählte Lesung. Zur Kontaktaufnahme mit Gott musst du nur dich selbst mitbringen.

Schließe hierauf die Augen und achte still auf dich selbst. Nimm deinen Atem wahr. Fang an, dich mit seinem natürlichen Rhythmus zu entspannen. Beim Entspannen wirst du zunächst Geräusche wahrnehmen. Deine Stille wird bald gestört werden, erst durch einen Anflug und dann durch eine anwachsende Flut von Gedanken, Gefühlen, zu erledigenden Dingen und drängenden Sorgen. Lass alles dies einfach kommen. Das sind keine Hindernisse für die Zeit der Stille, sondern ihr Zweck. Halte dich davor zurück, dich auf einen bestimmten Gedanken oder ein bestimmtes Gefühl zu konzentrieren (denn das blockiert andere), sondern lass alles einfach vorüberziehen. Wende deine Aufmerksamkeit wieder deinem Atem zu, und dann lass wieder die Gedanken und Gefühle kommen. Wenn du nach etlichen Minuten fertig bist, schlag die Augen auf. Jetzt bist du bereit, Gott im geschriebenen Wort zu suchen.

Wähle dir aus der Heiligen Schrift einen Abschnitt aus, den du aufmerksam einmal ganz liest. Halte inne, um den Inhalt des Abschnitts ich dich einsickern zu lassen. Enthalte dich einer bekannten Ausdeutung, auch wenn es vielleicht ein dir vertrauter Text ist. Lass es zu, dass du den Text mit neuen Ohren hörst. Achte auf den inneren Verlauf und auf Fragen, die sich einstellen. Erkunde den Abschnitt so, wie ein Kind einen ihn fremden Raum erkunden würde, also im Geist der Neugier und Offenheit. Welches Wort oder welche Wörter springen dich an, verlangen deine Aufmerksamkeit? Bleib bei diesem Wort, solange du kannst. Meditiere darüber. Spricht dir Gott heute ein persönliches Wort zu? Halte deine geistlichen Einsichten schriftlich in einem Tagebuch fest."

Es wird dunkel,
Der Weg wird schwierig
Der nächste Schritt unsicher.
Die Spuren sind verwischt.
Orientierungslosigkeit macht sich breit.
Nebel verbirgt die Sicht auf das Ziel.
Herr, sei meinem Fuß eine Leuchte,
wenn mich Hilflosigkeit und Ohnmacht umgeben,
wenn ich nicht weiter weiß.
Sei du es, der mich trägt,
wenn der Boden unter den Füßen schwindet.
Sei du es, der mich aufrichtet,
wenn die eigenen Kräfte zu Ende gehen.
Sei du es, an dem wir uns festhalten können,
wenn es kein Zurück mehr gibt.
Sei du es, der uns Flügel gibt,
wenn wir die Härte des Bodens spüren.

Verletzungen – ein Beichtspiegel

Was sind die Dinge, die Sie in der Vergangenheit verletzt haben? Waren es Demütigungen, zugefügte Bosheiten? Falsche Beschuldigungen? Bloßstellungen? Waren es Zurückweisungen? Verletzungen sind stets ein Angriff auf unsere Persönlichkeit. Zu einem Menschen, der uns solche Dinge zugefügt hat, ist meist keine positive Beziehung mehr möglich. Die Zerstörung einer Beziehung nennen wir auch *Sünde*. Es gibt sie im Bereich der mitmenschlichen Verwerfungen und auch im Bereich der Zerstörung der Beziehung zu Gott. Sünde ist unheilsames Verhalten. Das bekannte gereimte Sprichwort nach der sogenannten Goldenen Regel lautet: *Was du nicht willst, dass man dir tu, das füg auch keinem andern zu.* Es fasst das Wort Jesu aus der Bergpredigt zusammen:

Alles nun, was ihr wollt, dass euch die Leute tun sollen,
das tut ihnen auch!
Das ist das Gesetz und die Propheten.
Matthäus 7,12

Was Sünde ist, erfassen wir am besten, wenn wir in uns gehen und uns fragen: Was hat mich am meisten *verletzt*? Zwar frage ich dabei zunächst einmal nach den Sünden anderer Menschen, die mir etwas zugefügt haben – und nicht nach dem, was ich selbst falsch gemacht habe. Aber ich kann sicher sein, dass mir durch diese Betrachtung am deutlichsten wird, wo ich selbst anderen Schlimmes zugefügt habe. *Was du nicht willst, dass man dir tu ...*

Jesus hat bei der Aufstellung der Goldenen Regel sehr genau gewusst, dass wirkliche Sündenerkenntnis erst dann eintritt, wenn ein Mensch erkennt, dass er anderen etwas zugefügt hat, was er selbst nicht erleiden möchte. Oftmals ist es eine traurige Tatsache: Verletzte Menschen verletzen andere Menschen. Aber dieser Teufelskreis kann durchbrochen werden. Während das Sprichwort negativ formuliert, wählt Jesus seine Worte positiv:

Alles nun, was ihr wollt, dass euch die Leute tun sollen... Damit dreht Jesus das Verständnis von Sünde um. Während wir darauf konzentriert sind, was wir *lassen* sollten, richtet Jesus unseren Blick auf das, was wir *tun* sollen. Nicht zu sündigen heißt also nicht nur etwas Schlechtes zu unterlassen. Nicht zu sündigen heißt genauso, etwas Gutes zu tun. Das ist hilfreich.

Psalm 123 - Bitte um Erbarmen

Ein Lied, zu singen auf dem Weg nach Jerusalem

1 Ich richte meinen Blick hinauf zu dir,
zum Himmel hinauf, wo du thronst.
3 Erbarm dich, HERR, hab Erbarmen mit uns!
Wir haben genug Verachtung erlebt,
4 viel zu viel hinunterschlucken müssen
vom Spott unserer satten, sorglosen Feinde,
vom Hohn vermessener Unterdrücker!

Gute Nachricht Bibel

Das Gebet Dietrich Bonhoeffers

Herr Gott,
großes Elend ist über mich gekommen.
Meine Sorgen wollen mich erdrücken
ich weiß nicht ein noch aus.
Gott, sei gnädig und hilf.
Gib Kraft zu tragen, was du schickst.
lass die Furcht nicht über mich herrschen.
sorge du väterlich für die Meinen,
besonders für Frau und Kinder,
schütze sie mit deiner starken Hand
vor allem Übel und vor aller Gefahr.
Barmherziger Gott,
vergib mir alles, was ich an dir
und an Menschen gesündigt habe.
Ich traue deiner Gnade
und gebe mein Leben ganz in deine Hand
Mach du mit mir,
wie es dir gefällt und wie es gut für mich ist.
Ob ich lebe oder sterbe,
ich bin bei dir und du bist bei mir, mein Gott
Herr ich warte auf dein Heil und auf dein Reich.
Amen

Dietrich Bonhoeffer, Widerstand und Ergebung

*Möge die Straße uns zusammenführen
und der Wind in deinem Rücken sein;
sanft falle Regen auf deine Felder
und warm auf dein Gesicht der Sonnenschein.*

*Kehrvers:
Und bis wir uns wiedersehen,
halte Gott dich fest in seiner Hand;
und bis wir uns wiedersehen,
halte Gott dich fest in seiner Hand.*

*Führe die Straße, die du gehst
immer nur zu deinem Ziel bergab;
hab' wenn es kühl wird, warme Gedanken
und den vollen Mond in dunkler Nacht.*

*Hab unterm Kopf ein weiches Kissen,
habe Kleidung und das täglich Brot;
sei über vierzig Jahre im Himmel,
bevor der Teufel merkt, du bist schon tot.*

*Bis wir uns mal wiedersehen,
hoffe ich, dass Gott dich nicht verlässt;
er halte dich in seinen Händen,
doch drücke seine Faust dich nie zu fest.*

Irisches Segenslied

Texte und Fotos: Kai-Uwe Schroeter

S.08: Aggenstein
S.11: Weißensee
S.15: Weißensee
S.20: Kroatien
S.25: Werne a.d. Lippe
S.29: Kellenhusen, Ostsee
S.34: Kellenhusen, Ostsee
S.38: Selfie am Schloss Neuschwanstein
S.43: Petersdom, Vatikan
S.47: Gronau, Westfalen
S.50: Schlossanger, Pfronten
S.55: Breitenberg, Pfronten
S.60: Vilstal, Pfronten
Umschlag: Falkenstein

Pilgerwandern mit Bettina und Kai-Uwe Schroeter:

www.besinnungundbewegung-christlicherurlaub.de

Das Wandern und Pilgern hat eine lange Tradition im Christentum und reicht weit in dessen Geschichte zurück. Die Pilgerwege waren für die Menschen Wegstrecken, auf denen innere Ruhe und neue Lebenskraft zu finden waren. Dabei war nicht der Ort am Ende des Pilgerpfads das eigentliche Ziel, sondern vielmehr der Weg dorthin. In der Tradition des christlichen Pilgerns laden Bettina und Kai-Uwe Schroeter zu einem jährlichen Wanderurlaub ein. Ausgangspunkt ist ein freundliches Gästehaus in Pfronten an der österreichischen Grenze, von dem aus Wanderungen in die faszinierende Bergwelt, zu Seenlandschaften, zu Kirchen und Klöstern unternommen werden. Geistliche Besinnungen machen den Wanderurlaub zu einem spirituellen Erlebnis.